HET GAAT ER NIET OM WAT JE ZEGT.
HET GAAT EROM WAT ZIJ BEGRIJPEN

.

Het gaat er niet om wat je *zegt*. Het gaat erom wat zij *begrijpen*

Wessel Visser

Sdu Uitgevers, Den Haag

Redactie: de Taalwerkplaats, Amsterdam
Boekverzorging: Villa Y, Den Haag
Druk en afwerking: DeltaHage, Den Haag

Eerste druk, 1ste oplage, maart 2008
2de oplage, juni 2008

Meer informatie over deze en andere uitgaven kunt u verkrijgen bij:
Sdu Klantenservice
Postbus 20014
2500 EA Den Haag
tel.: (070) 378 98 80
www.sdu.nl/service

ISBN 978 90 12 12294 8
NUR 624

Inhoud

Voorwoord

Als je het niet eenvoudig uit kunt leggen, snap je het zelf niet.
ALBERT EINSTEIN (1879 - 1955)

Hebt u wel eens een akte van erfrecht gelezen? Of de algemene voorwaarden bij uw hypotheek? Of de bijsluiters bij de medicijnen van uw zieke moeder?

Begreep u wat er staat?

Nee?

Nou, u bent niet de enige. Ik kan u vertellen dat de directeur Juridische zaken van een van onze grootste banken zijn eigen pensioenreglement niet kan lezen. Dat de meeste ministers die hun wetten in de Tweede Kamer verdedigen, niet begrijpen wat er in die wetten staat. Dat veel dokters de brieven van hun collega's niet snappen. Dat de directeur van een zorgverzekeraar de brief die hij stuurt aan een verzekerde, en waaronder hij zijn handtekening zet, niet begrijpt. Dat de leden van de raad van bestuur van een multinational die pc's maakt, die pc's zelf niet aangesloten krijgen.

Veel mensen denken dat dat normaal is ...

Veel mensen denken dat dat niet anders kan. Juridische taal is nou eenmaal moeilijk. Pensioenen zijn gewoon ingewikkeld. Dokters gebruiken niet voor niets moeilijke woorden. En een pc is geen mixer.

Veel mensen denken dat het normaal is dat je van de overheid onbegrijpelijke beschikkingen krijgt. Of onbegrijpelijke brieven van het ziekenhuis.

... maar het is natuurlijk heel raar

Maar dat is natuurlijk niet zo. Onbegrijpelijke communicatie is niet normaal. Onbegrijpelijke communicatie is heel raar!

Het is natuurlijk gek dat een ambtenaar een brief schrijft die een groot deel van de wijkbewoners niet begrijpt. Voor wie is die brief? Ja, hij is *van* de ambtenaar. Maar hij is *voor* de wijkbewoners. De ambtenaar wil dat de wijkbewoners wat gaan doen. Dus moeten die wijkbewoners begrijpen wat er in die brief staat.

Onbegrijpelijke communicatie is niet alleen heel raar. Onbegrijpelijke communicatie leidt tot ergernis. Misverstanden. Conflicten. Hoge kosten. Ernstige ongelukken.

Acht interviews

Maar ... Je kunt alles zeggen of schrijven in eenvoudig Nederlands. Alles. Niets is zó moeilijk, dat je het niet in begrijpelijke taal kunt uitleggen.

Is dat zo? Kun je een akte van erfrecht in eenvoudig Nederlands schrijven? Kun je ook polisvoorwaarden van een beleggingsverzekering in begrijpelijke taal schrijven? En kunnen dokters ook in eenvoudig Nederlands met hun patiënten communiceren? Je loonstrookje in begrijpelijke taal? De Grondwet in eenvoudig Nederlands? Literatuur in eenvoudig Nederlands? Eenvoudige computers? Voetballen in eenvoudig Nederlands?

In acht hoofdstukken leggen een notaris, een ex-minister van Financiën, een dokter en een chirurg, een magazijnmedewerker, een directeur van Philips, een hoogleraar Staatsrecht, een schrijver en een voetbalcoach uit wat er gebeurt als we onbegrijpelijk met elkaar communiceren. En hoeveel voordelen het heeft als we in eenvoudig Nederlands met elkaar gaan praten en schrijven.

- LUPO WESTERHUIS is notaris.
- GERRIT ZALM was minister van Financiën en is nu chef-econoom bij DSB Bank.
- CHRISTIAAN STOFFER is huisarts en RODERICK SCHMITZ is algemeen chirurg.
- ANDRÉ HOPSTAKEN is magazijnmedewerker.
- LISA STUARDI is directeur merkstrategie bij Philips en verantwoordelijk voor *sense and simplicity.*
- HENK KUMMELING is hoogleraar Staatsrecht en voorzitter van de Kiesraad.
- J.J. VOSKUIL is schrijver.
- FOPPE DE HAAN is bondscoach van Jong Oranje.

Zij laten het u niet alleen lezen in acht korte hoofdstukken. In dit boek zit ook een dvd. Op de dvd vertellen zij tot welke problemen ingewikkelde communicatie leidt in hun vak. En wat de kracht van eenvoudig Nederlands kan zijn.

Waarom gebruiken mensen moeilijke taal?

Maar als je alles kunt zeggen en schrijven in begrijpelijke taal, waarom schrijven veel mensen dan moeilijke taal?

Daarvoor zijn twee redenen. De eerste is dat veel mensen niet anders kunnen. Op school en op hun werk hebben mensen geleerd moeilijke taal te gebruiken. En ze kunnen eigenlijk niet anders meer.

Praten en schrijven in moeilijke taal is voor hen gemakkelijker dan in eenvoudig Nederlands.

De tweede reden is dat mensen status ontlenen aan moeilijke taal.

De directeur Belastingen van een grote gemeente vroeg ons hun folder Onroerend Zaakbelasting te schrijven in eenvoudig Nederlands. Want veel mensen begrepen de folder niet. De gemeente kreeg daarover klachten. En mensen betaalden de belastingen niet goed.

Nadat we de folder in eenvoudig Nederlands hadden geschreven, vroeg ik de directeur wat hij ervan vond. 'Nou, zei hij, dit begrijpt iedereen. En het frappante is, er staat nog steeds wat er moet staan.'

'Dat is mooi', zei ik. 'Dan kunnen we de folder gaan drukken.'

'Nee', zei hij.

'Nee?! Je zegt net dat iedereen dit kan begrijpen. En dat de inhoud van de folder goed is. Maar je wilt niet drukken?'

'Geen sprake van', zei hij.

'Maar eh ... Waarom niet?', vroeg ik hem.

Toen werd hij heel eerlijk: 'Wessel, het kan niet waar zijn dat het vak van belastingambtenaar zo simpel is.'

Later ontmoette ik de bekende Amerikaans jurist Bryan Garner. Bryan Garner is gespecialiseerd in eenvoudig juridisch Engels. Hij vertelde me: 'Wessel, er is maar een reden waarom mensen moeilijke taal gebruiken. En dat is onzekerheidsreductie. Mensen zijn onzeker over zichzelf. Over wat ze kunnen. Ze proberen met moeilijke taal hun tekortkomingen te maskeren.'

We leven in een cultuur, waarin we proberen met moeilijke taal te laten zien dat we wel wat voorstellen.
Terwijl Albert Einstein lang geleden al zei: 'Als je het niet eenvoudig uit kunt leggen, snap je het zelf niet.'

We hebben een andere cultuur nodig. Een cultuur waarin we ingewikkelde dingen eenvoudig uitleggen. Waarmee we laten zien dat we het snappen. Dat we ons vak echt goed beheersen.

Het voordeel daarvan is dat iedereen je begrijpt.

Het gaat er niet om wat je zegt. Het gaat erom wat zij begrijpen.

Wessel Visser
maart 2008

1

De notaris

Lupo Westerhuis

NOTARIS

In Nederland werken 1500 notarissen. Samen maken ze ieder jaar bijna twee miljoen notariële akten. In de wet op het notarisambt staat dat akten goed leesbaar moeten zijn. De meeste notarissen kunnen hun akten goed lezen. Maar de meeste klanten van notarissen snappen niet veel van een akte.

Lupo Westerhuis is notaris in Gouda. In zijn werk als notaris heeft hij als doel ingewikkelde notariële akten te vertalen in begrijpelijke taal. Lupo Westerhuis: 'Zodat mijn klanten mijn akten kunnen begrijpen.'

Een testament

'Hieronder staat een tekst uit een testament. Veel mensen kunnen dat niet begrijpen.'

'Tweetrapsmaking. Ik bepaal dat al hetgeen bij het overlijden van mijn genoemde echtgenote, hierna ook te noemen de bezwaarde, nog onvervreemd en onverteerd aanwezig is van hetgeen zij verkreeg uit mijn nalatenschap toekomt aan diegene die mijn erfgenaam volgens de wet zouden zijn geweest indien ik tegelijk met de bezwaarde zou zijn overleden, hierna ook te noemen de verwachters. Zulks voor de delen en op de wijze als door de wet bij erfopvolging bij versterven is bepaald en dus ook met plaatsvervulling. De bezwaarde is daarom

erfgename onder de ontbindende voorwaarde dat bij haar overlijden de hiervoor genoemde verwachters bestaan. De verwachters zijn erfgenaam onder dezelfde opschortende voorwaarden. Indien de voorwaarde bij het overlijden van de bezwaarde niet is vervuld, vervalt deze voorwaarde.'

'Deze tekst zie je vaak in testamenten. Iedere notaris begrijpt gelijk wat daar staat. Het is vaktaal. Jargon. Dit kun je niet begrijpen als je geen notaris bent.'

'De Romeinen hebben deze tekst bedacht. Want al ons erfrecht komt uit het Romeinse recht. In het Latijn heet deze tekst *fidei commis de resudio*. Maar je kunt deze tekst wel heel gemakkelijk uitleggen. Er staat dit:'

'Als ik doodga wil ik dat jij, mijn vrouw, alles van mij erft. Als jij daarna doodgaat, is er misschien nog wat over. Dan krijgen mijn kinderen dat. En niet je nieuwe man.'

'Het gevolg van zo'n moeilijke tekst kan wel zijn, dat de klant van een notaris het niet begrijpt. Zeker als de notaris het niet goed uitlegt. Dan kunnen er natuurlijk ongelukken gebeuren.'

'In mijn eigen werk heb ik daar kort geleden nog een heel vervelend voorbeeld van gezien. De notaris had de tekst niet goed opgeschreven. Er stond niet wat de klant wilde. Maar die kon dat natuurlijk niet lezen. Het was een stiefmoeder die haar beide stiefzoons tot erfgenaam benoemde. In het testament stond dat als een van de zoons dood zou gaan, de andere zoon alles zou krijgen. En de vrouw van de overleden zoon zou dan helemaal niets krijgen. Dat was natuurlijk niet de bedoeling.'

Moeilijke taal

'Juristen gebruiken moeilijke taal om twee redenen. In de eerste plaats willen ze dat hun teksten kloppen met de wet. Daarom gebruiken ze vaak dezelfde woorden als de wet. Als je als jurist eenvoudige woorden gebruikt, kan het zo zijn dat er iets anders staat dan in de wet. Ik denk dat dat een reden is dat juristen niet graag eenvoudige taal gebruiken. "Heden verschenen voor mij", zeiden notarissen vroeger. Moderne notarissen zeggen: "Vandaag verschenen voor mij". Dit zijn de grote stappen die notarissen nu zetten.'

'In de tweede plaats gebruiken notarissen natuurlijk ook moeilijke taal om de klant op afstand te houden. Ze gebruiken vaak moeilijke taal om zichzelf belangrijker te maken.'

Mijn zoon

'Een van mijn kinderen schreef een afstudeerscriptie voor zijn studie notariaat. De tekst was zó duidelijk. In gewone taal. Iedereen zou het kunnen begrijpen. Maar van zijn docent mocht hij dat niet doen. Hij zei dat hij zijn tekst moest schrijven in juridische taal. En dan zie je dus dat het jargon wordt. Een spel tussen juristen onderling.'

Durf het maar gewoon

'Het vertalen van moeilijke teksten in eenvoudig Nederlands heeft voor een notaris een groot voordeel. Want in de relatie tussen de notaris en de klant ontstaat dan een groter vertrouwen. Omdat je klant blij is dat hij de tekst begrijpt.'

'Het is een manier van denken om op zo'n manier met je klant te werken. Je moet het durven om je teksten te vertalen in eenvoudig Nederlands.'

'Tegen mijn collega's zou ik daarom willen zeggen. Durf het maar gewoon. Schrijf maar gewoon in begrijpelijke taal. Het maakt je verhouding met je klant veel beter.'

2

De ex-minister van Financiën

Gerrit Zalm

CHEF-ECONOOM DSB BANK

Veel mensen snappen niets van hun verzekeringspolis. Of van de voorwaarden van hun lening. Oud-minister Zalm heeft daarom de Wet financieel toezicht gemaakt. Hierin staat dat consumenten recht hebben op begrijpelijke informatie van hun bank, hun verzekeringsmaatschappij en hun assurantietussenpersoon. De Autoriteit Financiële Markten houdt toezicht. En onderzoekt of banken en verzekeringsmaatschappijen hun consumenteninformatie inderdaad schrijven in eenvoudig Nederlands.

Gerrit Zalm was minister van Financiën. Hij houdt van begrijpelijke taal. 'Als het even kan, moet je als overheid eenvoudige taal gebruiken. Zeker als het gaat om contacten met de burgers. Want niet iedere burger heeft op de universiteit gezeten. De overheid schrijft vaak veel te moeilijke taal voor gewone mensen. Dit geldt ook voor financiële producten van banken, verzekeringsmaatschappijen en pensioenfondsen. Daar was ik als minister verantwoordelijk voor. Het is belangrijk dat mensen kunnen begrijpen wat zo'n financieel product voor ze betekent. En dat betekent ook begrijpelijke taal. Zo eenvoudig mogelijk.'

De Wet financieel toezicht

'We hebben de Wet financieel toezicht gemaakt om betere voorlichting te geven aan mensen. Zodat het duidelijk is wat voor product je koopt. Financiële informatie moet voor consumenten begrijpelijk zijn. Tussenpersonen adviseren consumenten. Zij moeten goed geschoold zijn. En zij moeten goed kijken of het financiële product wel bij de klant past. Een financiële dienstverlener mag niet proberen iemand zomaar een product aan te smeren. Zonder te weten of dat product bij de consument past. Als het misgaat, is hij daarvoor verantwoordelijk. Dat geeft extra bescherming aan consumenten.'

De taal van de financiële dienstverlening

'Financieel jargon komt erg veel voor. Dat geldt voor de financiële dienstverlening en financiële producten. Maar ook in de belastingen kunnen we er wat van. Het voordeel van jargon, van vaktaal, is dat vakgenoten onderling precies weten wat ze bedoelen. Maar voor gewone burgers of voor gewone politici is dat soms onbegrijpelijk.'

'Doel van dit product is (meestal) financiering van de eigen woning gecombineerd met vermogensopbouw in een levensverzekering, vermeerderd met winstdeling, waarmee op de einddatum de lening geheel of gedeeltelijk wordt afgelost. De uitkering onder de verzekering aan het einde van de looptijd kent een gegarandeerd bedrag en een mogelijke extra opbrengst uit hoofde van de winstdeling. De waarde van de verzekering kan echter aan het einde van de looptijd onvoldoende zijn om de lening geheel af te lossen. Behoudens verlenging van de leningsovereenkomst dient u het restant van de lening dan op andere wijze af te lossen.'

'Ik kan me voorstellen dat niet iedere Nederlander die niet financieel geschoold is dit helemaal kan begrijpen. Er staat eigenlijk dit. Je sluit een hypotheek. En je spaart. Je spaart in de vorm van een levensverzekering. Voor een deel weet je aan het begin hoeveel geld je aan het eind krijgt. En voor een deel hangt dat af van wat er op de aandelenbeurs gebeurt. En je hebt een levensverzekering voor als je doodgaat. Als je doodgaat, geeft de verzekering dan toch geld om je hypotheek af te betalen.

Maar echt makkelijk is dit niet.'

De aandelenleaseaffaire

Een aantal jaren geleden was er de aandelenleaseaffaire. Veel mensen kochten een zogenaamd aandelenleaseproduct. Dat was een erg ingewikkeld financieel product. De informatie van financiële dienstverleners was voor veel consumenten onbegrijpelijk. Maar de namen van deze producten waren vaak erg aantrekkelijk. Bijvoorbeeld 'winstverdriedubbelaar'. Honderdduizenden mensen hebben veel geld verloren door deze producten te kopen.

Gerrit Zalm: 'Het probleem met het leasen van aandelen was dit. Je leent geld. En met die lening kocht je aandelen. Voor die lening betaalde je natuurlijk rente en aflossing. En soms ook een premie voor een overlijdensrisicoverzekering. Ja, als die aandelen stijgen, dan kan het zijn dat je een groot bedrag overhoudt. Maar als die aandelen inzakken ... Als ze minder waard worden dan je lening, dan verlies je geld.'

'Maar de mensen dachten: als ik iedere maand een bedrag betaal, dan spaar ik dat geld. Maar in het echt betaalde je rente en aflossing voor je lening, waarmee je die aandelen had gekocht. En dat kan dus heel verkeerd aflopen, als de beurs inzakt. Het leasen van aandelen was dus een heel gevaarlijk product. Daar was niet iedereen zich van bewust. Veel mensen dachten dat ze geld spaarden. Maar dat was dus niet zo.'

'Veel mensen hadden hier niet goed over nagedacht. Maar ook de voorlichting van de bedrijven was onduidelijk.'

'Ik zeg altijd, als je een product niet begrijpt, moet je het niet kopen. Dat moet je niet doen met auto's, maar ook niet met financiële producten. En die zijn vaak moeilijker te begrijpen dan een auto of een huis.'

De taal van de Belastingdienst

'Ook over belastingen praten we vaak in moeilijke taal. Bijvoorbeeld. Wat is nou buitenlands belastingplichtig voor een buitenlandse belegger? Moet hij nou in Nederland belasting betalen? Of juist in zijn eigen land? In het buitenland? Nou, ik heb dat nagevraagd op mijn ministerie. En toen zeiden ze; "Ja natuurlijk betaalt hij dan in Nederland belasting. Want als een buitenlander buitenlands belastingplichtig is, betekent dat dat hij in Nederland belasting betaalt." Ik zei toen: "Jongens, als ik nou eens gewoon zeg, dat als een buitenlander in Nederland belegt, hij in Nederland belasting moet betalen. Wat zeg ik dan verkeerd?" "Nee, niks, maar zo doen we dat niet. Zo zeggen we dat niet. Dat hebben we nog nóóit gedaan." Ik zei: "Maar ik ga het dus wel zo doen!"'

'Ja, en dan heb je nog uitdrukkingen als het *onderworpenheidsvereiste*. Nou, ik heb daar allerlei fantasieën bij, maar niet over belastingen. Maar dat betekent dus gewoon dat je in een ander land al belasting hebt betaald.'

'De *vaste inrichting* ... Ik ken een psychiatrische inrichting. Maar dat is dus een vestiging van het bedrijf in het buitenland.'

'Dit is dus allemaal jargon. Mijn vakgenoten kennen dat allemaal. In dit geval is dat ook niet zo erg. Omdat dit alleen maar geldt voor grote bedrijven die ook in het buitenland actief zijn. En ook allemaal een eigen belastingadviseur hebben. Maar het is wel vervelend in de discussie met de Tweede Kamer. Als de leden van de Tweede Kamer en de minister niet goed weten waarover het gaat. Ik vind dat je als minister wel moet weten waar het over gaat. En leden van de Tweede Kamer moeten ook weten waar het over gaat. En je moet het als politicus op een eenvoudige manier kunnen uitleggen.'

'Toen ik minister was heb ik dat altijd geprobeerd. In de tijd dat ik minister was zijn de nota's van mijn ministerie veel begrijpelijker geworden. Veel begrijpelijker dan 20 jaar geleden. Begrijpelijke taal. Voorbeelden. Humor. Daar ben ik ook wel een beetje trots op.'

Ik vind dat onnodig

'Veel mensen gebruiken moeilijke taal. Daarvoor zijn, denk ik, twee redenen. De eerste is dat we zo veel mogelijk proberen net zo te schrijven als de wet. We zijn bang om andere woorden te gebruiken dan de wet.

De tweede reden is dat we soms moeilijke teksten schrijven om te laten zien dat we niet van de straat zijn. Dat we een universitaire studie hebben gedaan. Dat we ingewikkeld kunnen schrijven. Ik vind dat onnodig. Deze reden om ingewikkeld te schrijven mag eigenlijk nooit gelden. Als het eenvoudig kan, moet je dat doen. Altijd!'

3

De dokter en de chirurg

Christiaan Stoffer

HUISARTS

Roderick Schmitz

ALGEMEEN CHIRURG

Dokters moeten in begrijpelijke taal praten met patiënten. Dat staat in de Wet op de geneeskundige behandelovereenkomst. Ook bijsluiters bij medicijnen moeten begrijpelijk zijn. Dat staat in het Besluit bijsluiter farmaceutische producten. Toch snappen veel patiënten hun dokter niet. En ook begrijpen veel patiënten niet wat er in die bijsluiter staat. Elk jaar moeten tienduizenden mensen naar het ziekenhuis, omdat ze hun dokter, hun apotheker of de bijsluiter bij hun medicijn niet goed hebben begrepen. En jaarlijks gaan er duizend mensen dood als gevolg van verkeerd medicijngebruik.

Christiaan Stoffer is huisarts in Gouda: 'Goede communicatie met je patiënten is erg belangrijk. Want dat is de enige manier om een goed contact met je patiënten te hebben. Zodat ik mijn patiënten kan begrijpen. En zodat mijn patiënten mij kunnen begrijpen.'

Roderick Schmitz is algemeen chirurg in het Groene Hart Ziekenhuis in Gouda: 'Goede communicatie met je patiënten is belangrijk. Want een goede behandeling is meer dan alleen technisch bekwaam handelen.'

Communiceer op het taalniveau van je patiënt

Christiaan Stoffer: 'Ik weet zeker dat alle huisartsen in Nederland op een goede manier met hun patiënten willen communiceren. Het is daarom belangrijk dat de dokter zijn taalniveau aanpast aan het taalniveau van zijn patiënten. Dat zal de communicatie tussen de dokter en de patiënt sterk verbeteren. Ik zeg daarom tegen alle dokters: probeer dit te doen.'

Een gebroken been

Roderick Schmitz: 'Een paar maanden geleden hadden Christiaan en ik samen een patiënt. In de communicatie met die patiënt ging iets mis. Wat was er aan de hand? De patiënt had zijn been gebroken. We hebben het been in gips gezet. En we hebben de patiënt medicijnen gegeven. Dat waren medicijnen die ervoor zorgen dat het bloed minder snel stolt. Nou, hoe gaat dat dan? Wij geven die patiënt een pot met pillen mee. En we zeggen: "Neemt u dan zes, vier en vier tabletten. En daarna controleert de Trombosedienst u."'

Christiaan Stoffer: 'Een paar dagen later belde de Trombosedienst me op. Het bloed van de patiënt was veel te dun. Toen hebben we de dosering verminderd. Maar tot onze verbazing was het bloed na drie dagen nog steeds veel te dun. Toen ben ik naar de patiënt toe gegaan. Wat was er gebeurd? De startdosering zes, vier, vier had de patiënt verkeerd begrepen. Hij had iedere dag 's ochtends zes tabletten genomen, 's middags vier tabletten en 's avonds weer vier tabletten. Ja, dan is het logisch dat je bloed veel te dun wordt.'

Roderick Schmitz: 'De gevolgen hiervan kunnen ernstig zijn. Want als je te veel van dit medicijn neemt, wordt je bloed veel te dun. En dan kun je overal in je lijf vanzelf gaan bloeden. Bijvoorbeeld in het gebroken been. Daar kun je pijn van krijgen. En in het ergste geval krijg je problemen met de doorbloeding in het been. Maar je kunt ook een spontane bloeding in je hersenen krijgen. Met ernstige gevolgen.'

Christiaan Stoffer: 'In de toekomst kunnen we dit probleem oplossen door de patiënt duidelijker te vertellen wat hij moet doen. Hoe hij zijn medicijnen precies moet gebruiken. Eigenlijk is dat heel eenvoudig: 'Vandaag neemt u om vijf uur zes tabletten. Woensdag om vijf uur vier tabletten. En donderdag om vijf uur weer vier tabletten. Vanaf vrijdag zegt de Trombosedienst tegen u hoeveel tabletten u moet nemen.'

Roderick Schmitz: 'Natuurlijk is het erg belangrijk dat je goed met je patiënt communiceert. Want als hij niet begrijpt wat je bedoelt, kan dat gevolgen hebben. Die gevolgen kunnen erg zijn. Dat betekent dat je aan je patiënt goed moet uitleggen hoe hij zijn medicijnen moet nemen. Als de patiënt je niet begrijpt, dan kan het zijn dat je patiënt niet beter wordt. Of zelfs zieker.'

Familiaire hypercholesterolemie

Christiaan Stoffer: 'Twee weken geleden kwam er een patiënt op mijn spreekuur. Hij had een brief gekregen van een academisch ziekenhuis. De patiënt begreep de brief niet. En hij vroeg mij of ik de brief wilde lezen. Ik ben al vijftien jaar huisarts. Maar ik moest de brief een paar keer lezen voordat ik hem begreep.'

'U bent onder behandeling vanwege familiaire hypercholesterolemie. Met u werd destijds gesproken over de mogelijkheid van DNA-diagnostiek. Hierbij kan in het DNA-materiaal de afwijking die verantwoordelijk is voor het hoge cholesterol, de zogenaamde genmutatie,

worden vastgesteld. Bij de DNA-analyse werden bij u geen afwijkingen aangetroffen. Dit betekent dat de diagnose familiaire hypercholesterolemie noch bevestigd noch uitgesloten is. Thans kunnen wij bij 80% van de patiënten met klinische familiaire hypercholesterolemie het DNA-defect ook daadwerkelijk aantonen. Echter de afwezigheid van een defect sluit niet uit dat er sprake is van een erfelijk hoog cholesterol. Deze bevinding heeft voor u dan ook geen consequenties voor eventuele behandeling met medicijnen.'

Roderick Schmitz: 'Dat geldt ook voor mij. En een patiënt begrijpt hier dus helemaal niets van. Waar het in zo'n brief om gaat, is dat je de patiënt uitlegt wat de gevolgen van het onderzoek voor hem zijn. En wat hij moet doen. In dit geval kun je daar kort over zijn: 'Ik heb goed nieuws. U kunt gewoon doorgaan met uw medicijnen.'

Eyeopener

Christiaan Stoffer: 'Ik denk dat dokters op zo'n hoog taalniveau communiceren, omdat ze dat in hun opleiding hebben geleerd. En wat je twaalf jaar lang leert, leer je niet gemakkelijk meer af. Dat is een belangrijke reden dat dokters communiceren in hun vaktaal.'

'We hebben tijdens onze opleiding natuurlijk heel veel communicatievaardigheden geleerd. Maar het gekke is dat daar geen informatie bij zat over het taalniveau. Voor mij was het een eyeopener om te merken, dat als je je taalniveau een beetje verlaagt, je veel beter communiceert met je patiënt.'

Roderick Schmitz: 'Ik denk dat je als dokter bereid moet zijn om te communiceren op het taalniveau van je patiënt. Als je dat niet doet, dan verloopt de communicatie slecht. Dan begrijpt je patiënt je niet goed.'

4

De magazijn-
medewerker

André Hopstaken

MAGAZIJNMEDEWERKER

Zeven miljoen volwassen Nederlanders snappen niets van hun pensioenfonds, van de Belastingdienst en van hun loonstrookje. André Hopstaken is een van hen.

André Hopstaken is magazijnmedewerker. 'Ik erger me vaak aan brieven van overheidsinstanties. Bijvoorbeeld van de Belastingdienst. Ik begrijp vaak niet waar die brieven over gaan.'

Mijn pensioen

'Dit is een brief van een verzekeringsmaatschappij.'

> 'Gezien het feit dat het hier gaat om een gerichte lijfrentepolis, hebben wij destijds de afkoopwaarde gereserveerd. Dit omdat de verzekeraar aansprakelijk kan worden gesteld voor het niet afdragen van de verschuldigde belasting. Dit bedrag kan alsnog betaalbaar worden gesteld na afgifte van een vrijwaringsverklaring door Hoofd van de Eenheid van de Belastingdienst waaronder u als belastingplichtige ressorteert.'

'Ik vind dit een moeilijke brief. Ik begrijp niet goed wat er staat. Onbegrijpelijk. Ik heb nog naar de verzekeringsmaatschappij gebeld. En ik heb de Belastingdienst ook nog geschreven en gebeld. Maar ik kreeg onbegrijpelijke antwoorden. Je weet niet goed wat je moet doen. En je baalt ervan dat je niet begrijpt wat ze zeggen. Als ik zo'n brief krijg en ik begrijp het niet, dan ben ik bang dat ik mijn geld niet krijg. Tot nu toe is dat ook zo.'

'Ik denk dat mensen zulke brieven schrijven om belangrijk over te komen. Om interessant te lijken.'

Jammer

'Als je de Belastingdienst belt, krijg je ook wel eens het idee dat ze zelf niet weten wat ze aan het uitleggen zijn. Je krijgt dan iemand aan de telefoon die een hoop vertelt. En met termen gooit waarvan je niet weet wat je daarmee aan moet. Je begrijpt het gewoon niet. Ze kunnen het jou niet goed uitleggen, omdat ze het zelf ook niet goed begrijpen.'

'Ik heb vijf jaar lang pensioenpremie betaald. Bij dat bedrijf ben ik gestopt. Het bedrag zou nu voor mij vrijkomen. Ik moest wat formulieren invullen, en dan zou ik het geld krijgen. Maar ik heb het nog steeds niet gekregen. Omdat ik niet goed weet wat ze willen. En welke papieren ik daarvoor moet hebben.'

> 'De verzekeringsmaatschappij keert het achtergehouden bedrag veelal pas uit als de Belastingdienst heeft verklaard dat de belastingplichtige aan al zijn fiscale verplichtingen heeft voldaan. Een dergelijke verklaring kan pas worden afgegeven als de afkoop in de desbetreffende aangifte is verwerkt en als de belastingplichtige daadwerkelijk de verschuldigde belasting en de revisierente heeft betaald. Aangezien daarvan nog geen sprake is kan de door u gevraagde verklaring op dit moment nog niet worden afgegeven.'

'Ik heb altijd pensioenpremie betaald. Maar nu is het de vraag of ik het krijg. Het is onbegrijpelijk dat het zo gaat. Het is toch mijn eigen geld. Jammer.'

Mijn loonstrook

'Hier heb ik mijn loonstrook.'

> 'Bijdrage zfw wg
> Aftrek SV-pr. wn
> Loon loonheffing
> Loonheffing
> Premie zfw
> Premie ww
> NETTO (TAB)
> NETTO (BT)'

'Ik vind dat moeilijk, zo'n loonstrook. Omdat je niet begrijpt wat je werkgever inhoudt. Wat je van je brutoloon netto overhoudt. Je voelt jezelf dom. Omdat je niet begrijpt wat je in handen krijgt. Met collega's bespreek ik dit dan. Maar bijna niemand weet wat er staat. Ik vind dat raar. Het is toch de bedoeling dat iedereen dit begrijpt? En ik ben niet dom. Ik heb de havo gedaan. Dan zou ik toch mijn loonstrookje moeten kunnen lezen?'

'Je bent vaak bang om dingen te vragen. Omdat je het gevoel hebt dat andere mensen dan vinden dat je dom bent. En dan durf je het niet meer. Terwijl je het niet goed begrijpt.'

Het is niet zomaar een merkstrategie
of slogan.

Ik ben Lisa Stuardi.
Ik ben directeur merkstrategie bij Philips.

We leven in een zeer complexe
en technische wereld.

Deze aanpak sluit aan op het idee...

5

De directeur

Lisa Stuardi

DIRECTEUR MERKSTRATEGIE PHILIPS

Nieuwe technologie moet ons leven gemakkelijker maken. Maar dat is vaak niet zo. Lcd-tv's, computers, mobiele telefoons en digitale camera's zijn voor veel mensen veel te ingewikkeld. We brengen met zijn allen dertig procent van de computers terug naar de winkel, omdat we de computer thuis niet aangesloten krijgen. Voor Philips was dit de reden om het roer helemaal om te gooien. Eenvoud is nu het motto.

Lisa Stuardi is directeur merkstrategie bij Philips. 'Ik werk aan het merk Philips. Voor de hele wereld. Met mijn collega's denk ik na over hoe mensen over Philips en onze producten denken.'

Sense and simplicity

Sense and simplicity is het nieuwe motto van Philips. *Sense and simplicity* betekent 'zinvol en eenvoudig'.

Lisa Stuardi: 'Producten van Philips moeten voor consumenten zinvol zijn. En eenvoudig. Ze moeten onze producten gemakkelijk kunnen gebruiken.'

'*Sense and simplicity* was een keuze van de raad van bestuur van Philips. Het is niet zomaar een nieuwe strategie. Of alleen maar een nieuwe manier om reclame te maken. Nee, we zijn met *sense and simplicity* begonnen, omdat we alles helemaal anders willen gaan doen.'

'We hebben *sense and simplicity* bedacht omdat je geen nieuwe technologie maakt omdat je nieuwe technologie kunt maken. We hebben bedacht dat je nieuwe technologie moet gebruiken om te maken wat je klanten willen. Het gaat om de behoeften van klanten. Het gaat om het voordeel voor de klant.'

'Alles wat we doen, moeten we doen vanuit het belang van onze klanten. Alleen op die manier kunnen onze klanten de voordelen van nieuwe technologie ervaren. En hoeven ze zich niet meer te ergeren aan de complexiteit van nieuwe technologie.'

Wij maken complexe technologie eenvoudig voor consumenten

'We moeten niet bang zijn voor complexiteit. Want complexiteit is niet slecht. Complexiteit maakt het mogelijk dat we nieuwe dingen maken. Maar er zijn veel consumenten die geen zin hebben in complexiteit. Die consumenten moeten we dus geen ingewikkelde producten aanbieden. Dus als we nu een nieuw product ontwikkelen, denken we steeds goed na over wat de consumenten willen.'

'We leven in een erg ingewikkelde wereld, waarin ingewikkelde technologie een grote rol speelt. De producten van Philips zijn niet minder ingewikkeld geworden. Het zijn nog steeds heel slimme ontwerpen. Wat we doen, is dat we die complexe en slimme technologie verbergen. Daar vallen we de consument niet meer mee lastig. De consument ziet nu alleen nog de voordelen van de ingewikkelde nieuwe technologie. In zinvolle en eenvoudige producten.'

Als een consument een product niet begrijpt, brengt hij het terug naar de winkel

'Sinds we begonnen met *sense and simplicity* hebben we geleerd dat het niet alleen gaat om het product. Veel consumenten brengen het product dat ze hebben gekocht terug naar de winkel. Daar zeggen ze dan: "Hij doet het niet." Vaak is er dan niets mis met het product. Het product was gewoon goed. Maar de consument begreep het niet. We hadden het product niet eenvoudig genoeg gemaakt. En daardoor kon de consument niet van ons product genieten.'

Onze ontwerpers moeten anders gaan denken

'We verwachten daarom veel van onze nieuwe strategie *sense and simplicity*. Van onze ontwerpers verwachten we een nieuwe manier van denken. We verwachten dat ze producten ontwerpen voor consumenten. Niet voor zichzelf. We willen dat onze ontwerpers niet langer de nieuwste technologie gebruiken, omdat ze houden van de nieuwste technologie. Maar we willen dat onze ontwerpers nieuwe technologie ontwikkelen die zin heeft voor consumenten. En die eenvoudig te gebruiken is voor consumenten. Zodat consumenten kunnen genieten van onze producten.'

Philips wil de beste zijn in eenvoudige producten

'Wij willen ons ontwikkelen tot het bedrijf dat eenvoudige producten maakt. Producten die mensen eenvoudig kunnen gebruiken. En waarvan ze kunnen genieten. Daarin wil Philips de beste zijn.'

'Onze ontwerpers moeten dus de nieuwste technologie blijven ontwikkelen. Philips wil voorop blijven lopen met het ontwikkelen van nieuwe producten. Producten die mensen willen. Producten waar mensen wat aan hebben. Eenvoudige producten.'

6

De jurist

Henk Kummeling

HOOGLERAAR STAATSRECHT
EN VOORZITTER KIESRAAD

De Grondwet is onze belangrijkste wet. Er staan de belangrijkste regels van ons land in. Bijvoorbeeld over hoe we met elkaar omgaan. En welke rechten de inwoners van ons land hebben. Maar de taal van de Grondwet is erg moeilijk. Veel mensen snappen niet wat er staat. Soms snappen zelfs ministers en kamerleden niet wat er in de Grondwet staat. Dit is natuurlijk heel raar. Daarom heeft Henk Kummeling, hoogleraar Staatsrecht aan de Universiteit van Utrecht, meegewerkt aan de Grondwet in eenvoudig Nederlands.

Henk Kummeling is hoogleraar Staatsrecht aan de Universiteit van Utrecht. En voorzitter van de Kiesraad. 'Ik vind het erg belangrijk om de Grondwet in eenvoudig Nederlands te schrijven. Want we moeten onze Grondwet op school aan onze kinderen leren. Maar de Grondwet is nu onbegrijpelijk.'

In Nederland mag je zeggen en schrijven wat je denkt ...

'In artikel 7 van de Grondwet staat dit.'

'Niemand heeft voorafgaand verlof nodig om door de drukpers gedachten of gevoelens te openbaren, behoudens ieders verantwoordelijkheid volgens de wet.'

'De Grondwet probeert hier te zeggen dat we in Nederland vrijheid van meningsuiting hebben. Maar als je gaat kijken wat er nou eigenlijk staat. Er staat drukpers. Dat is een heel oud ding. Sommige mensen kennen dat nog uit het verleden. Maar daardoor is niet duidelijk dat er ook andere manieren zijn om je mening te vertellen. En veel mensen snappen dus niet wat de bedoeling is van dit artikel.'

'Maar je zou het ook zo kunnen zeggen.'

> *'In Nederland mag je zeggen en schrijven wat je denkt, zonder daar eerst toestemming voor te vragen. Maar de rechter kan je achteraf wel straffen als je iets zegt of schrijft wat niet mag volgens een ander artikel van de Grondwet of een andere wet.'*

'Ik denk dat het voor iedereen zo veel duidelijker is wat de Grondwet bedoelt. Namelijk dat je mag zeggen en schrijven wat je wilt, zonder daar eerst toestemming voor te vragen. En dat is precies wat de Grondwet wil zeggen, maar het staat er in onbegrijpelijke taal.'

De Grondwet in eenvoudig Nederlands

'Het belangrijkste voordeel van een Grondwet in eenvoudig Nederlands is natuurlijk dat hij veel begrijpelijker is. Je hebt er dus veel meer aan. Zeker als je vindt dat de Grondwet voor iedereen in Nederland een belangrijke wet is. Want in de Grondwet staat wat je rechten en plichten zijn. Wat de regering doet. Wat de Tweede en Eerste Kamer doen. Allemaal belangrijke dingen. Ja, dan moet je dat ook in begrijpelijke taal schrijven.'

'Als je de Grondwet in eenvoudig Nederlands schrijft, betekent dat niet dat de Grondwet minder betekenis krijgt. Of dat een Grondwet in eenvoudig Nederlands minder precies is. Want ik heb gemerkt dat je ook in eenvoudig Nederlands heel precies op kunt schrijven wat de rechten en plichten van de mensen in het land zijn. Maar het kost soms wel meer moeite.'

De Grondwet is voor iedereen

'Het moeilijkste van het schrijven van de Grondwet in eenvoudig Nederlands vond ik te bedenken wie nou eigenlijk de lezer is van de Grondwet. Voor wie is de Grondwet? Als ik iets uitleg aan mijn studenten, of aan mijn familie, dan kun je die mensen in de ogen kijken. En dan kun je zien of ze het begrepen hebben. Maar als je iets op papier schrijft, moet je heel goed nadenken of iemand dat wel begrijpt. Ik heb dus maar een familielid van mij in gedachten genomen. En ik heb steeds net gedaan alsof ik de nieuwe Grondwet voor hem schreef.'

Juristen schrijven moeilijke taal ...

'Tja, waarom schrijven juristen moeilijke taal? Ik denk dat veel vakmensen een eigen vaktaal hebben. Ze gebruiken dan hun eigen woorden voor de problemen in hun vak. Dat doen juristen ook. Met die woorden kunnen juristen aan elkaar precies vertellen wat ze bedoelen.'

'Maar ook merk ik dat juristen met hun vaktaal willen laten zien dat ze best wel wat kunnen. Ik merk dat ook aan mijn nieuwe studenten. Die beginnen al heel snel in dat potjeslatijn te praten. Die willen ook laten zien dat ze ergens bijhoren. Ze willen bij de club horen. En ze willen dus ook die taal gebruiken.'

... maar het kan ook eenvoudig!

'We hebben met een aantal staatsrechtdeskundigen en taalkundigen de Grondwet in eenvoudig Nederlands geschreven. De les die juristen hieruit kunnen trekken is deze: het kan dus! En zeker als het gaat om zo'n belangrijke wet als de Grondwet. Maar ook andere wetten moet iedereen kunnen begrijpen. Iedereen moet weten wat zijn rechten en plichten zijn. We hebben laten zien dat het mogelijk is om juridische teksten in eenvoudig Nederlands te schrijven.'

7

De schrijver

J.J. Voskuil

SCHRIJVER

Het Bureau is met ruim vijfduizend bladzijden de dikste Nederlandstalige roman. Voskuil beschrijft in het boek zijn werk bij Het Bureau, in de jaren 1957 tot 1987. Voskuil heeft zijn boek in eenvoudige taal geschreven.

'Ik ben Voskuil. Op mijn boeken schrijf ik dat ik J.J. Voskuil heet. Omdat ik mijn voornaam Han te intiem vind. Ik schrijf over mijn problemen. Door die problemen zo duidelijk mogelijk op te schrijven, probeer ik mezelf beter te leren kennen.'

Het Bureau

'Ik heb Het Bureau geschreven, maar ook Bij Nader Inzien en wat andere boeken, omdat ik schrijven nodig heb om dingen te begrijpen. Als je iets wilt begrijpen wat je niet begrepen hebt, moet je zo duidelijk en precies mogelijk beschrijven wat op dat moment de werkelijkheid was. Dat kun je alleen door geen tierelantijnen te schrijven.'

'Hij droomde dat hij werd uitgedragen. Van heel ver kwamen de laatste tonen van Nobody knows you when you are down and out uit de sopraansax van Sidney Bechet, zoals hij die bij zijn leven honderden keren gehoord had. Daarna hoorde hij alleen nog het knerpen van de schoenen van de dragers op het grind en voelde hij het lichte deinen van zijn kist op hun schouders.'

'Schrijven moet een vorm van denken blijven. En het moet geen taal-acrobatie worden. Dat kan ik niet. En dat zou ik nooit gekund heb-ben. Door het vast te leggen, door het op te schrijven, disciplineer je je denken. En als je je denken disciplineert, dan moet je dat precies doen.'

'Je houdt de zinnen zo kort mogelijk. Je moet precies blijven. Dus als je een gevoel uitdrukt, moet je precies opschrijven wat je kunt be-schrijven. En je moet dus niet proberen het duidelijker te maken door het ingewikkelder te maken.'

'Als je niet ingewikkeld schrijft, kun je de zaak niet belazeren. Vol-gens mij zijn er veel schrijvers die de zaak belazeren. Doordat ze wat ze niet willen vertellen, of wat ze niet begrijpen, ingewikkeld vertellen.'

James Joyce

'James Joyce begon als schrijver over zijn eigen leven te schrijven. Maar hij was niet tevreden met het opschrijven van wat hij mee-maakte. Hij kreeg steeds meer plezier in het maken van raadsels in de taal. Hij schrijft bijvoorbeeld een heel hoofdstuk waarin hij vooral de *a* gebruikt. Of een hoofdstuk waarin hij vooral de *o* gebruikt. Hij ging allerlei trucjes uithalen. Dat vond hij veel leuker. Maar je moet er dus wel plezier in hebben om dat te lezen. Ik heb dat niet.'

'Je kunt van hem niet zeggen dat hij een slechte schrijver is. Hij is een heel goede schrijver. Maar hij schrijft op een manier, waarop ik het nooit zou doen. Het bedenken van levens, het gebruiken van je fantasie om een werkelijkheid te maken. Dat is eigenlijk wat veel schrijvers het mooiste vinden. En dan bewijs je met je fantastische fantasie dat je een goede schrijver bent. Maar dat wil ik niet lezen.'

'Ze hielden stil. De kist werd neergezet. Er was het geluid van vele schoenen, een stilte en een zacht gemompel, waarna de voetstappen zich weer verwijderden. Hij duwde de deksel van zijn kist omhoog, richtte zich op en keek hen na. Ze liepen van hem weg over het pad naar de uitgang.'

Het is niet meer interessant

'Iemand schrijft op wat hij heeft beleefd. Dat doen de meeste schrijvers. Daarmee beginnen ze. Daarna hebben ze niets meer. Omdat ze ieder jaar een boek willen schrijven, want ze zijn schrijver, moeten ze gaan verzinnen. Dan kan een schrijver allerlei dingen doen. Hij kan mooie taal gaan gebruiken. Hij kan fantasie gebruiken. Hij kan er van alles van maken. Maar hij kan niet over zichzelf schrijven, want hij beleeft helemaal niets meer. Hij zit op zijn kamer en hij schrijft.'

'A.F.Th. van der Heijden is niet te vergelijken met James Joyce. Van der Heijden is net als Joyce en veel meer schrijvers begonnen met schrijven over zijn eigen leven. Die boeken van Van der Heijden zijn sobere boeken. *Asbestemming* is een sober boek. Hij schrijft op wat hij gezien heeft. Waar hij bij is geweest. Wat hij gevoeld heeft. Hij schrijft in die boeken heel duidelijk.'

'Maar op een gegeven moment is hij schrijver geworden. En dat betekent dat hij niet meer beschrijft wat hij heeft meegemaakt of wat hij ziet. Maar wat hij aan materiaal heeft verzameld. En daarbij gebruikt hij zijn fantasie. Hij gaat dan niet alleen barokker schrijven, maar ook de gebeurtenissen worden barokker. Naar mijn gevoel staat hij dan heel ver van de werkelijkheid af. Die werkelijkheid interesseert hem niet meer. Hij maakt een eigen werkelijkheid. Ik kan dat niet lezen. Ik heb dat wel geprobeerd. Maar als je wilt weten wat iemand nou eigenlijk met zijn leven doet, dan moet je niet Van der Heijden lezen. Want je weet absoluut niet wat die man met zijn leven doet. Hij doet waarschijnlijk niets met zijn leven. Hij zit in zijn kamer en bedenkt een leven. Maar niet van zichzelf. Je kunt dus niet zeggen dat hij een slechte schrijver is, maar het is niet meer interessant. Je moet dus niet het schrijven gebruiken om je beroep ervan te maken. Je moet het schrijven gebruiken als hulpmiddel om te denken. En als er niets te denken is, dan schrijf je niet.'

'Hij zocht naar bekenden. Maar die achteraan liepen, kende hij niet. En die vooraan waren, kon hij niet meer zien. Terwijl hij langzaam de deksel weer liet zakken, werd hij wakker, overspoeld door een gevoel van oeverloze treurigheid.'

Uit: Het Bureau 7, De dood van Maarten Koning.

Als je taal eenvoudig is, kan iedereen je begrijpen.

'Mijn collega's waarderen mij niet erg. In hun ogen ben ik geen schrijver. Ik ben niet iemand die de taal mooi maakt. Of iets bijdraagt aan de Nederlandse taal. Dat ben ik allemaal niet.'

'Het Bureau is het verslag van dertig jaar werken op een bureau. In het boek beschrijf ik hoe de mensen op het bureau met elkaar omgaan. Heel veel mensen zeggen dat het bij hen op het werk ook zo was. Dat komt doordat ik de dingen heel nauwkeurig en precies heb opgeschreven. Want als ik dat niet had gedaan, dan waren die lezers opgehouden met lezen. Dan hadden ze hun eigen werk niet herkend.'

'Als je taal eenvoudig is, is het duidelijk wat er staat. Dan kan iedereen het begrijpen.'

8

De voetbalcoach

Foppe de Haan

BONDSCOACH JONG ORANJE

Foppe de Haan speelde met Heerenveen twee keer in de beker-finale, drie keer in de UEFA-cup en één keer in de Champions League. Als coach van Jong Oranje werd hij in 2006 en 2007 Europees kampioen. Waar ligt zijn succes?

Foppe de Haan is trainer-coach van Jong Oranje. 'Ik vind het heel belangrijk dat we in Nederland eenvoudig met elkaar praten. Omdat iedereen dan begrijpt wat je bedoelt.'

In het stadion

'Het voordeel van korte, bondige taal, van begrijpelijke taal in de training, of op het voetbalveld, bijvoorbeeld in het stadion, is dat de spelers het veel sneller begrijpen. Als je in een stadion met jongens praat en je gaat ingewikkeld uitleggen hoe het moet ... Met al die mensen. En de scheidsrechter. En de spanning. Ja dat werkt niet. Dus moet je heel helder praten: "Een beetje meer aan de buitenkant!" Of: "Voor dat je de bal hebt, moet je eerst ruimte maken. Eerst een paar passen terug!" Dat snappen ze gelijk. Maar als je gaat zeggen: "Je moet diepte zoeken. Je moet contact hebben met die ander. Je moet meedenken wat hij wil." Ja, dat werkt natuurlijk niet. Want hun kop is er niet bij. Wat bedoelt-ie? Wat moet ik dan doen? En eigenlijk moet je ook gelijk zeggen: "Je hebt het begrepen, hè. Ja, dat is goed." Zeggen wat ze goed hebben gedaan. Of juist wat ze niet goed hebben gedaan. Dat is ook heel belangrijk.'

De persconferentie

'Na een wedstrijd is er een persconferentie. Die persconferentie zenden ze in het hele stadion uit. Waar je ook bent. Tegenwoordig is de persconferentie zelfs op de televisie. Ik vind het onzin. Maar het is wel zo. En als je dan je verhaal vertelt, en iedereen begrijpt het, dan ben je eraf. Dan is het klaar. Geen vragen. Ze begrijpen het. Mensen vinden dat mooi. Mensen willen graag weten wat de trainer dacht toen-ie deed wat-ie deed. Wat voor besluiten hij nam. En waarom hij dat deed. En als ze dat begrijpen, dan merk je dat ook. Ze zijn het met je eens of ze zijn het niet met je eens. En dan komt er ook een goede discussie. Dat is prima. Maar als je heel ingewikkeld praat., met een eigen jargon, en als je je boven die mensen plaatst, door de taal, dan hebben ze daar ook niets mee. Dan luisteren ze niet meer. En ik vind dat ik een boodschap heb. Die wil ik vertellen. En dan moet die zo goed mogelijk overkomen.'

Een goede coach

'Communiceren is voor een coach heel erg belangrijk. Een coach moet verstand van voetballen hebben. Hij moet weten wat hij wil. En wat hij wil, moet hij vertellen aan zijn spelers. Want zij moeten het doen. Want jij doet het niet. De spelers doen het! Dus je moet kort en helder uitleggen wat je wilt. Zodat zij het begrijpen. En zodat ze het er ook mee eens zijn. Want dat is nog veel belangrijker. Want eigenlijk probeer je het gedrag van spelers te beïnvloeden door hun gedachten te veranderen. En gedachten verander je door voorbeelden, door trainen. Maar ook door uitleg! En als je uitleg nou heel helder en heel duidelijk is, dan zie je dat veranderen. En dan gaan ze sneller samenwerken. Sneller elkaar helpen. Sneller hun eigen kwaliteiten benutten. En dan heb je een grote kans dat het goed gaat.'

'Dus goed communiceren. Uitleggen. En vragen of ze het hebben begrepen. Dat is heel belangrijk om vooruit te gaan.'

Je moet ze goed op een rijtje hebben

'Ik denk dat mensen vaak moeilijk, of uitgebreid, of heel ingewikkeld praten, omdat ze denken dat ze daarmee een bepaalde status krijgen. Als ik die woorden gebruik, dan ben ik belangrijk. Dan laat ik zien dat ik meer weet dan jullie. Maar volgens mij is dat niet zo. Dat is gewoon onzin. Je weet niet meer. Je vertelt het alleen op een andere manier.'

'Het heeft er ook wel mee te maken dat je het zelf niet goed op een rijtje hebt. Dus je moet goed op een rijtje hebben wat je wilt. Dat heb ik geleerd in de tijd dat ik leraar was. Als ik goed kon vertellen, als ik begrijpelijk kon vertellen wat ik ze wilde vertellen, dan snapte ik het zelf. Dan wist ik waarover ik praatte. Dan had ik het zelf ook begrepen. Op het moment dat ik het zelf niet helemaal wist, dan vluchtte ik in ingewikkelde taal. Of in blabla. Of een verhaal eromheen of zo. Maar niet *to the point*.'

'Ik doe dat niet. Misschien komt dat wel doordat ik een Fries ben. Dat zou best kunnen. Toen ik klein was, dacht ik Fries. Ik denk nou Nederlands. Maar als ik thuis ben, denk ik Fries. Misschien heb ik mezelf wel geleerd heel eenvoudig te vertalen van het Fries naar het Nederlands. Dat zou best kunnen.'

'Maar ik heb dat altijd gedaan. Mijn vrouw zegt altijd: "Jij bent kort van stof." Ja, dat ben ik ook. Ja, en waarom heb je dat? Volgens mij heb ik het uitgelegd.'

'Dus tegen alle trainers in Nederland zou ik zeggen: "Kijk zoals mensen naar voetballen kijken. Voetbal is voor de mensen, voor het publiek, een simpel spel. En leg het dus ook simpel uit."'

Ten slotte

De Raad van Europa heeft een meetlat gemaakt waarmee je het taalniveau van mensen en teksten kan meten. Het laagste taalniveau is
A1. Daarna komen A2, B1, B2, C1 en C2. C2 is het hoogste taalniveau.
Het taalniveau van een tekst kun je meten met Texamen
(www.texamen.nl).

Overheden en bedrijven schrijven hun teksten meestal op taalniveau
C1. Heel veel mensen kunnen die teksten niet goed begrijpen. Dit is
zo voor ongeveer 60% van onze bevolking.

Bijna iedereen (ongeveer 95% van de bevolking) kan een tekst op
taalniveau B1 begrijpen. Ook mensen die geen hoge opleiding
hebben gehad en voor hun werk nooit hoeven te lezen.

Het taalniveau van dit boek is B1.

Omdat bijna iedereen teksten op taalniveau B1 kan lezen, noemen
we dit eenvoudig Nederlands.

Eenvoudig Nederlands is niet alleen geschikt voor mensen met een
lager opleidingsniveau. Ook hoger opgeleiden lezen liever teksten
op taalniveau B1 dan op taalniveau C1.